Ingrid Moras

Perlen-Hits

mit Sicherheitsnadeln

CHRISTOPHORUS
BRUNNEN-REIHE

Inhalt

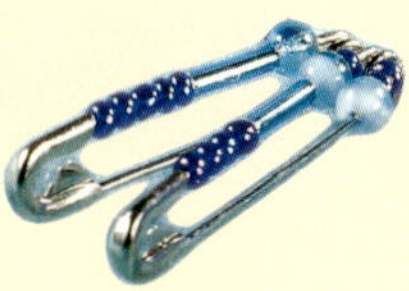

Einfach & voll cool!

Als ich zum ersten Mal von Schmuck aus Sicherheitsnadeln hörte, war ich zugegebenermaßen skeptisch. Immerhin verwendete ich Sicherheitsnadeln bisher nur, um einen fehlenden Hosenknopf notdürftig zu ersetzen. Neugierig geworden kramte ich sofort in meinem Nähkästchen – schließlich muss man alles ausprobieren. Schnell wuchs meine Begeisterung schon bei den ersten zaghaften Versuchen. Schmuck aus Sicherheitsnadeln und Rocailles ist in vielerlei Hinsicht einfach umwerfend, oder wie meine Tochter sagt: „voll cool".

Bei dieser denkbar einfachen und schnellen Technik werden die Sicherheitsnadeln mit Perlen bestückt und dann mit Hilfe von elastischen Perlonfäden zu anschmiegsamen, angenehm zu tragenden Arm- oder Fußbändern verarbeitet. Passende Ketten und Ohrringe zeigen zusätzlich die fantasievollen Variationsmöglichkeiten.

Es hat viel Spaß gemacht, die effektvollen Schmuckkreationen zu entwickeln und ich bin sicher, dass es Ihnen ebenso ergehen wird.

Ich wünsche Ihnen viel Freude mit dieser neuen Schmuckidee.

Ingrid Moras

Das Material

Die Sicherheitsnadeln

In diesem Buch wurden Sicherheitsnadeln mit den Längen 20, 23, 28, 34 und 40 mm in Schwarz, Gold und Platin verwendet. Auf die Nadeln bis zu einer Größe von 34 mm passen Rocailles mit einem Durchmesser von 2,5 bzw. 2,6 mm. Bei längeren Nadeln sind Perlen mit größeren Durchmessern erforderlich (3,1 mm und mehr).

Die Perlen

Kleine Rocailles mit dem Durchmesser von 2,5 bzw. 2,6 mm (die Größenangabe für die gleichen Perlen variiert je nach Firma) werden im Fachhandel in einer großen Vielfalt angeboten. Indianerperlen mit einem Durchmesser von 4,5 bzw. 5 mm sind für die Nadeln ab einer Größe von 40 mm geeignet. Im Fachhandel gibt es außerdem zahlreiche Schmuckperlen aus Kunststoff oder Glas, die vereinzelt in den Schmuck integriert werden können.

Faden und Draht

Die eng anliegenden Bänder werden mit einem *elastischen Perlonfaden* (auch Magic Stretch genannt) in Transparent oder Schwarz gearbeitet. Der Fachhandel bietet ihn mit den Durchmessern 0,5 mm, 0,6 mm oder 1 mm an. Für Ketten und Ohrringe eignet sich sehr gut ein stabiler *mit Plastik ummantelter (nylon-coated) Stahldraht*, der in verschiedenen Farben erhältlich ist. Für geschmeidige Ketten einen *Nylonfaden* mit dem Durchmesser von 0,25 mm verwenden, für locker herabfallende Perlenstränge einen dünnen *Transparent-Nähfaden*, der mit einer entsprechenden *Perlfädelnadel* verarbeitet wird.

Quetschperlen

Mit ringförmigen Quetschperlen (2 mm Ø) werden abschnittweise Perlen auf dem Stahldraht fixiert. Dazu werden sie mit einer kleinen Zange so zusammengedrückt, dass sie fest sitzen.
Auch *Schraubenschließen* können mit Quetschperlen mühelos befestigt werden. Dazu eine Quetschperle und die Öse des Verschlusses auf den Draht fädeln, das Drahtende durch die Quetschperle zurückziehen und die Quetschperle zusammendrücken. Den Drahtüberstand abschneiden.

Die Technik

1 Die Perlen in der gewünschten Reihenfolge auf die Sicherheitsnadeln schieben und die Nadeln schließen. Die Verschlüsse mit einer kleinen Zange flach zusammendrücken, damit sich die Nadeln nicht öffnen können. Die Nadeln werden nun unten am Ring und/oder oben am Verschluss aufgefädelt.

2 Für ein Armband die Nadeln auf zwei elastische Perlonfäden (Länge je 30 cm) reihen: Einen Faden (in der Vorlage gekennzeichnet durch zwei Striche) durch die Ringe, den anderen Faden (in der Vorlage angedeutet durch einen dicken Strich) durch die Verschlüsse der Nadeln ziehen. Um zu verhindern, dass der Faden aus dem Verschlussteil herausrutscht, den Verschluss nochmals hochkant in die Zange nehmen und ganz leicht zusammendrücken.
Bei Bedarf können auch Perlen als Abstandhalter zwischen den einzelnen Nadeln aufgenommen werden. Ohne Zwischenperlen benötigt man etwa 80 Nadeln für ein Band.

3 Die Fadenenden zum Schluss gut verknoten. Dazu zwei Knoten wie beim Schuhebinden fertigen. Dann mit beiden Fadenenden zweimal hintereinander eine Schlinge legen und diese festziehen. Zum Schluss die Überstände abschneiden und den Knoten mit etwas Sekundenkleber fixieren (keine Berührung mit den Fingern!).
Damit die Nadeln und Perlen nicht vom unteren Faden rutschen, während man die oberen Fadenenden miteinander verknotet, die Enden unten mit einem Malerklebeband sichern.

Tipp

Zunächst nur einen Faden mit Nadeln bestücken und sofort verknoten. Dann den zweiten Faden einziehen.

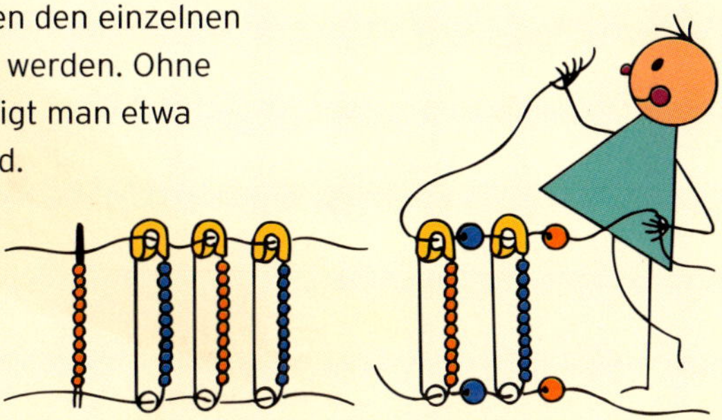

Glitzernde Zacken

Material

Kette

- 11 Sicherheitsnadeln in Platin, 28 mm
- Rocailles in Jade, Royal, 2,6 mm Ø
- Glasperlen in Smaragd, 4 mm Ø
- Stiftperlen in Smaragd, 7 mm
- Quetschperlen in Silber, 2 mm Ø
- Stahldraht in Silber
- Ringverschluss in Silber

Armband

- ca. 44 Sicherheitsnadeln in Platin, 28 mm
- Rocailles in Hellblau, Royal, 2,6 mm Ø
- Glasperlen in Smaragd, 4 mm Ø
- elast. Perlonfaden

Vorlagen A1 - A2

Kette

Elf Nadeln mit Rocailles, 4-mm-Glasperlen und Glasstiften nach Vorlage A1 bestücken. Die Nadeln mit jeweils einer jadefarbenen Rocaille als Abstandhalter in die Mitte eines 50 cm langen Drahtes schieben. Weitere Perlen auf beide Drahtenden fädeln und mit Quetschperlen an den Enden der Perlenabschnitte fixieren (s. Vorlage A1). Zum Schluss mit Quetschperlen einen Ringverschluss befestigen.

Armband

Etwa 44 Sicherheitsnadeln nach Vorlage A2 mit Perlen bestücken. Die Nadeln mit je einer 4-mm-Glasperle dazwischen auf zwei elastische Perlonfäden fädeln. Die Fadenenden zum Schluss jeweils gut verknoten.

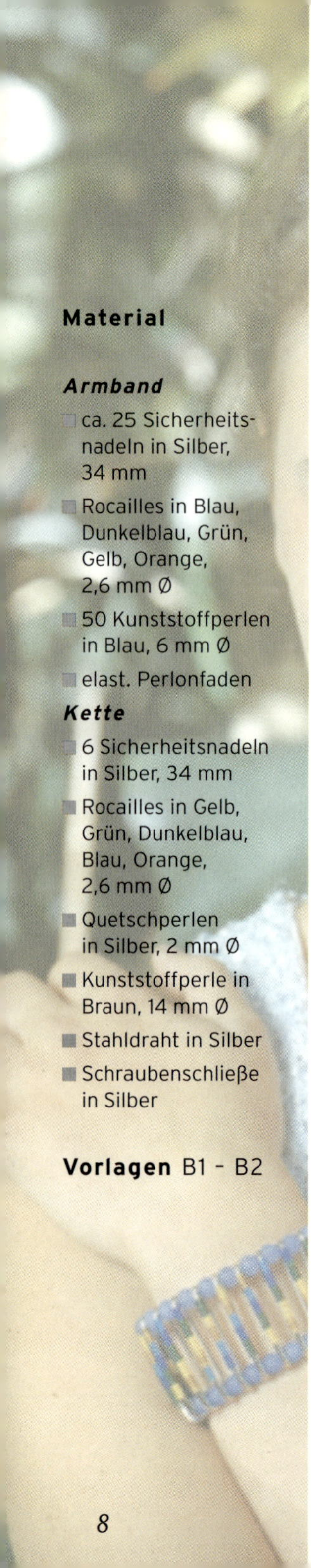

Leicht & locker

Material

Armband

- ca. 25 Sicherheitsnadeln in Silber, 34 mm
- Rocailles in Blau, Dunkelblau, Grün, Gelb, Orange, 2,6 mm Ø
- 50 Kunststoffperlen in Blau, 6 mm Ø
- elast. Perlonfaden

Kette

- 6 Sicherheitsnadeln in Silber, 34 mm
- Rocailles in Gelb, Grün, Dunkelblau, Blau, Orange, 2,6 mm Ø
- Quetschperlen in Silber, 2 mm Ø
- Kunststoffperle in Braun, 14 mm Ø
- Stahldraht in Silber
- Schraubenschließe in Silber

Vorlagen B1 - B2

Armband

Etwa 25 Nadeln nach Vorlage B1 mit Rocailles bestücken. Die Nadeln mit je einer 6-mm-Perle als Abstandhalter auf zwei elastische Perlonfäden aufziehen. Wenn das Armband ausreichend lang ist, die Fadenenden jeweils gut verknoten.

Kette

1 Sechs Nadeln nach Vorlage B2 mit Rocailles bestücken und in die Mitte eines 50 cm langen Drahtes schieben.

2 Auf das eine Drahtende eine Quetschperle und die 14-mm-Perle fädeln, das andere Drahtende entgegengesetzt durch beide Perlen ziehen. Die Quetschperle fixieren. Dafür die 14-mm-Perle erst etwas zur Seite, dann so über die Quetschperle schieben, dass man diese nicht sieht. Sollte die Öffnung der 14-mm-Perle dafür zu klein sein, müssen die Drähte links und rechts von der Perle durch eine aufgeschobene Quetschperle fixiert werden.

3 Abschnittweise Perlen auf die Drähte schieben und mit Quetschperlen an den Enden der Perlenstücke fixieren. Zuletzt einen Ringverschluss mit Quetschperlen befestigen.

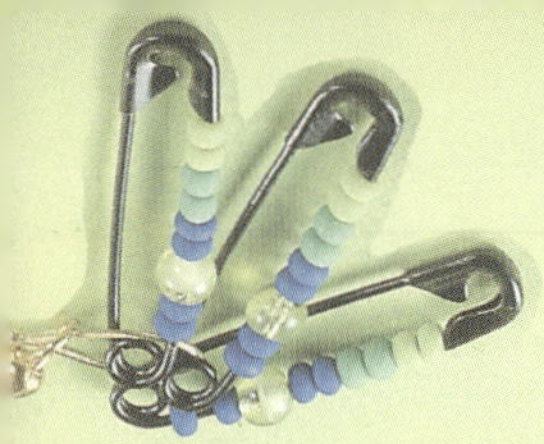

Material

Kette

- 27 Sicherheitsnadeln in Schwarz, 28 mm
- Rocailles in Schwarz, Blau, Grün, Hellgrün, 2,6 mm Ø
- Stahldraht in Gold
- Quetschperlen in Gold, 2 mm Ø
- Schraubenschließe in Gold

Armband

- 40 Sicherheitsnadeln in Schwarz, 28 mm
- Rocailles siehe Kette
- elast. Perlonfaden

Ring

- 5 Sicherheitsnadeln in Gold, 20 mm
- Rocailles siehe Kette
- Glasperlen in Hellgrün, 4 mm Ø
- elast. Perlonfaden

Ohrringe

- 6 Sicherheitsnadeln in Schwarz, 28 mm
- Rocailles in Grün, Hellgrün, Blau, 2,6 mm Ø
- Glasperlen in Hellgrün, 4 mm Ø
- Stahldraht in Gold
- Quetschperlen in Gold, 2 mm Ø
- Ohrfedern in Gold

Vorlagen C1 - C4

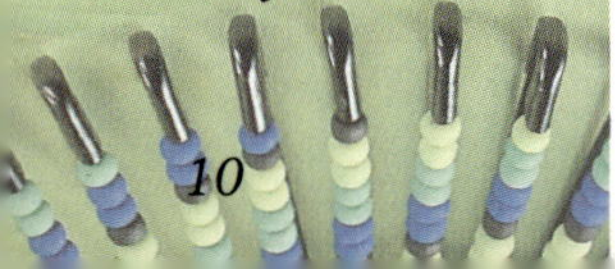

Modisches Grün

Kette

27 Sicherheitsnadeln nach Vorlage C1 mit Rocailles bestücken. Die Nadeln in die Mitte eines 50 cm langen Drahtes mit jeweils einer 4-mm-Glasperle als Abstandhalter schieben. Auf beide Seiten Perlenabschnitte fädeln (s. Vorlage C1). Bei ausreichender Länge mit Quetschperlen einen Verschluss befestigen.

Armband

40 Nadeln nach Vorlage C2 mit Rocailles bestücken und mit jeweils einer 4-mm-Glasperle dazwischen auf zwei elastische Perlonfäden fädeln. Am besten mit der Nadel beginnen, die mit einem Kreuz gekennzeichnet ist, und dann nach beiden Seiten arbeiten, bis das Armband lang genug ist. Die Fadenenden zum Schluss gut verknoten.

Ring

Fünf Nadeln nach Vorlage C3 bestücken und auf zwei Perlonfäden mit je einer schwarzen Rocaille dazwischen fädeln. Auf die vier Fadenenden Perlen aufziehen, bis der Ring um den Finger reicht. Die Fadenenden verknoten.

Ohrringe

Jeweils drei mit Perlen bestückte Nadeln (s. Vorlage C4) auf einen kurzen Draht fädeln. Die Drahtenden mit einer Quetschperle an der Ohrfeder befestigen.

Groß & plakativ

Material

Kette

- 7 Sicherheitsnadeln in Schwarz, 40 mm
- Katzenaugen-Perlen in Blau, 6 mm Ø
- Marmorperlen in Grau, 6 mm Ø
- Indianerperlen in Schwarz, Weiß, 4,5 mm Ø
- Rocailles in Schwarz, 2,6 mm Ø
- Stahldraht in Gold
- Quetschperlen in Gold, 2 mm Ø
- Schraubenschließe in Gold

Armband

- 24 Sicherheitsnadeln in Schwarz, 40 mm
- Katzenaugen-Perlen in Blau, 6 mm Ø
- Marmorperlen in Grau, 6 mm Ø
- Indianerperlen in Schwarz, Weiß, 4,5 mm Ø
- elast. Perlonfaden

Vorlagen E1 - E2

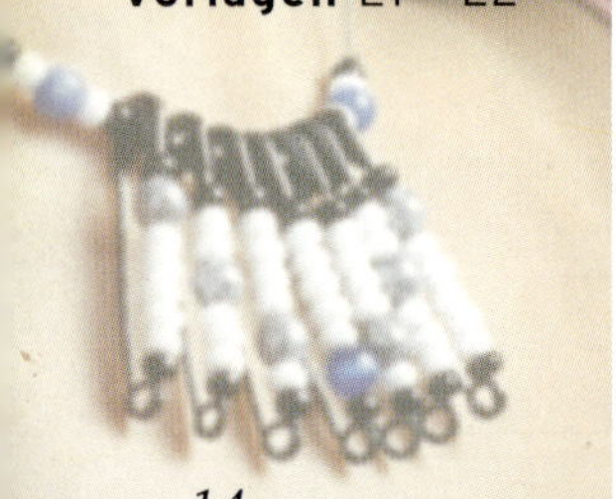

Kette

Sieben Nadeln nach Vorlage E1 mit Perlen bestücken. Die Nadeln mit jeweils zwei schwarzen Indianerperlen als Abstandhalter in die Mitte eines 50 cm langen Drahtes schieben. Auf beiden Seiten Perlenabschnitte auffädeln und mit Quetschperlen auf dem Draht fixieren (s. Vorlage E1). Zuletzt mit Quetschperlen eine Schraubenschließe befestigen.

Armband

Perlen nach Vorlage E2 auf 24 Sicherheitsnadeln fädeln. Die Nadeln mit jeweils zwei schwarzen Indianerperlen als Abstandhalter oben und unten auf elastische Perlonfäden schieben. Wenn das Armband lang genug ist, die Fadenenden jeweils gut miteinander verknoten.

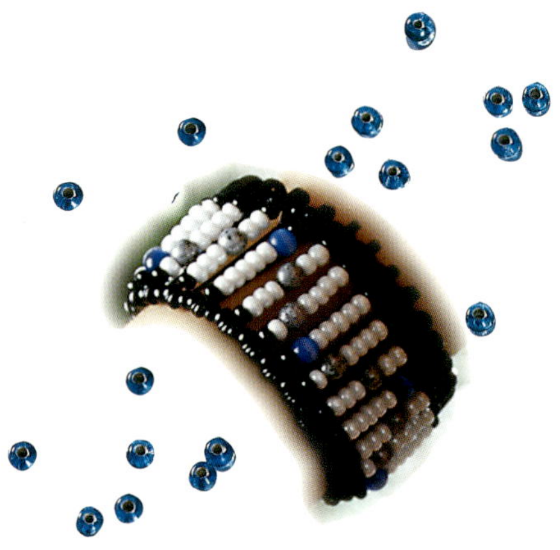

Material

Kette

- 15 Sicherheitsnadeln in Gold, 20 mm
- Rocailles in Pink, Hellblau, Schwarz, Gold, 2,6 mm Ø
- Indianerperlen in Schwarz, 4,5 mm Ø
- Stahldraht in Gold
- Quetschperlen in Gold, 2 mm Ø
- Schraubenschließe in Gold

Armband

- 50 Sicherheitsnadeln in Gold, 20 mm
- Rocailles in Pink, Hellblau, Schwarz, 2,6 mm Ø
- Indianerperlen in Schwarz, 4,5 mm Ø
- elast. Perlonfaden

Ohrringe

- 10 Sicherheitsnadeln in Gold, 20 mm
- Rocailles siehe Armband
- Kunststoffperlen in Violett, 6 mm Ø
- Quetschperlen in Gold, 2 mm Ø
- Stahldraht in Gold
- Ohrfedern in Gold

Ring

- 7 Sicherheitsnadeln in Gold, 20 mm
- Rocailles siehe Kette
- elast. Perlonfaden

Vorlagen F1 - F4

Schwungvoller Glanz

Kette

15 Nadeln fertigen (s. Vorlage F1) und mit dem unteren Ring und je einer Indianerperle dazwischen in die Mitte eines 60 cm langen Drahtes schieben. Auf beide Seiten die übrigen Perlen für den Anhänger fädeln. Das eine Drahtende durch den Verschluss der 15 Nadeln und durch eine Indianerperle, das andere Drahtende entgegengesetzt auf die andere Seite ziehen. Nach Vorlage F1 Rocailles auffädeln. Zuletzt mit Quetschperlen den Verschluss befestigen.

Armband

Die Sicherheitsnadeln mit Rocailles bestücken (s. Vorlage F2) und mit je einer Indianerperle dazwischen auf zwei elastische Perlonfäden fädeln. Eventuell einige Nadeln mit schwarzen Rocailles hinzufügen. Die Fäden verknoten.

Ohrringe

Fünf Nadeln fertigen (s. Vorlage F4) auf einen Draht (12 cm) fädeln. Eine Quetsch-, eine 6-mm- und eine Quetschperle aufnehmen und das andere Drahtende entgegengesetzt hindurchschieben. Wenn der Bogen schön ist, die Quetschperlen fixieren. Die Enden mit einer Quetschperle befestigen und den Ohrring in die Ohrfeder einhängen.

Ring

Sieben Nadeln fertigen und auf zwei elastische Fäden schieben. Die vier Enden mit Perlen bestücken und gut verknoten.

EMI UDEN 8449092

Fuß-Bänder

Material

Rotes Fußband

- ca. 50 Sicherheitsnadeln in Gold, 23 mm
- Rocailles in Pink, Rot, Schwarz, Brombeer, 2,6 mm Ø
- Indianerperlen in Rot, Schwarz, 4,5 mm Ø
- elast. Perlonfaden

Rot-blaues Fußband

- ca. 56 Sicherheitsnadeln in Gold, 23 mm
- Rocailles in Pink, Rot, Orange, Schwarz, Hellblau, 2,6 mm Ø
- Indianerperlen in Rot, Blau, Schwarz, 4,5 mm Ø
- elast. Perlonfaden

Kette

- 13 Sicherheitsnadeln in Gold, 23 mm
- Rocailles in Hellblau, Pink, Rot, Orange, 2,6 mm Ø
- Indianerperlen in Schwarz, Blau, Orange, 4,5 mm Ø
- Stahldraht in Gold
- Quetschperlen in Gold, 2 mm Ø
- Schraubenschließe in Gold

Vorlagen G1 - G3

Fußbänder

Die Nadeln mit Rocailles und Indianerperlen bestücken. Die Abfolge der Perlen entnehmen Sie den Vorlagen: rotes Fußband siehe Vorlage G1, rot-blaues Fußband siehe Vorlage G2. Anschließend die Sicherheitsnadeln mit jeweils einer schwarzen Indianerperle als Abstandhalter auf zwei elastische Perlonfäden fädeln, bis das Fußband lang genug ist. Zum Schluss die Fäden gut verknoten.

Kette

Dreizehn Nadeln nach Vorlage G3 mit Perlen bestücken und mit jeweils einer schwarzen Indianerperle als Abstandhalter in die Mitte eines 50 cm langen Drahtes schieben. Rechts und links mit je einer Quetschperle fixieren. Vereinzelt Perlenabschnitte auf den Drahtenden mit Quetschperlen positionieren (s. Vorlage G3). Zum Schluss mit Quetschperlen eine Schraubenschließe befestigen.

Material

Armband

- ca. 32 Sicherheitsnadeln in Schwarz, 28 mm
- Rocailles in Dunkelblau, Blau, Hellblau, Grün, Gold, 2,6 mm Ø
- Glasschliffperlen in Regenbogenfarben, 4 mm Ø
- elast. Perlonfaden

Kette

- 6 Sicherheitsnadeln in Schwarz, 28 mm
- Rocailles in Dunkelblau, Blau, Hellblau, Grün, Gold, 2,6 mm Ø
- Glasschliffperlen in Regenbogenfarben, 4 mm Ø
- Nylonfaden, 0,25 mm Ø
- Transparent-Nähfaden

Ohrringe

- 10 Sicherheitsnadeln in Schwarz, 28 mm
- Rocailles in Dunkelblau, Blau, Hellblau, Grün, Gold, 2,6 mm Ø
- Glasschliffperlen in Regenbogenfarben, 4 mm Ø
- Katzenaugen-Perlen in Blau, 10 mm Ø
- Stahldraht in Gold
- Quetschperlen in Gold, 2 mm Ø
- Schraubenschließe in Gold

Vorlagen J1 - J3

Schillernder Glanz

Armband

Etwa 32 Nadeln mit Perlen bestücken (s. Vorlage J1) und im Wechsel mit Glasschliffperlen auf zwei elastische Perlonfäden fädeln. Die Fadenenden gut verknoten.

Kette

1 Einen Nylonfaden (1,20 m) mittig am Verschluss anknoten und auf beide Enden Perlen aufziehen (s. Vorlage J2). Für den Anhänger sechs Nadeln mit Perlen bestücken und diese im Wechsel mit Glasschliffperlen auffädeln. Dann die Perlen des Rundbogens aufnehmen und den Anhänger gegengleich arbeiten. Die Kette beenden und den Verschluss anknoten.

2 Für die locker herabhängenden Perlenstränge einen Nähfaden oberhalb des Anhängers anknoten und durch den Anhänger und die erste Rocaille des Bogens mit Hilfe einer dünnen Perlfädelnadel nach unten führen. Die Perlen des ersten Stranges auffädeln und den Nähfaden durch alle Rocailles zurückziehen. Den Faden durch die nächste Rocaille im Bogen schieben und den zweiten, etwas längeren Perlenstrang ebenso auffädeln. Nach Vorlage J2 weiterarbeiten. Den Faden über dem Anhänger verknoten.

Ohrringe

Pro Ohrring fünf Nadeln nach Vorlage J3 arbeiten. Die Nadeln in die Mitte eines kurzen Stahldrahtes schieben, mit dem einen Ende eine 10-mm-Perle aufnehmen, das andere Drahtende entgegengesetzt hindurchschieben. Die Drähte mit Quetschperlen an der Ohrfeder befestigen.

Filigraner Schmuck

Material

Armband

- 42 Sicherheitsnadeln in Gold, 20 mm
- Rocailles in Schwarz, Rehbraun, Weiß, 2,6 mm Ø
- Indianerperlen in Schwarz, 4,5 mm Ø
- elast. Perlonfaden

Kette

- 12 Sicherheitsnadeln in Gold, 20 mm
- Rocailles in Schwarz, Rehbraun, Weiß, 2,6 mm Ø
- Glasperle in Braun, 15 mm
- Stahldraht in Gold
- Quetschperlen in Gold, 2 mm Ø
- Schraubenschließe in Gold

Vorlagen K1 - K2

Armband

Sechsmal jeweils sieben Nadeln nach Vorlage K1 mit Rocailles bestücken. Die Nadeln mit je einer weißen Rocaille dazwischen auf zwei elastische Perlonfäden fädeln. Zwischen den Blöcken aus Nadeln jeweils eine weiße Rocaille, drei schwarze Indianerperlen und eine weiße Rocaille aufziehen. Zuletzt die Fadenenden gut verknoten.

Kette

1 Zwölf Sicherheitsnadeln nach Vorlage K2 mit Perlen fertigen. Eine Quetschperle, eine 15-mm-Glasperle und eine Quetschperle in die Mitte eines 70 cm langen Drahtes schieben.

2 Den Anhänger wie folgt arbeiten: Auf einer Seite die fünf Nadeln für den oberen Bogen aufnehmen und den Draht durch die drei Perlen ziehen (s. Abbildung 1). Mit dem gleichen Drahtende sieben Nadeln auffädeln und den Draht nochmals durch die drei Perlen schieben (s. Abbildung 2). Die beiden Drahtkreise so groß ziehen, dass die Nadeln frei hängen. Dann die Quetschperlen fixieren.

3 Perlenabschnitte nach Vorlage K2 auf beide Seiten fädeln und mit Quetschperlen positionieren. Zum Schluss mit Quetschperlen einen Verschluss befestigen.

Festlich & edel

Material

Collier

- 29 Sicherheitsnadeln in Gold, 20 mm
- Rocailles in Dunkelblau, Blau, Grün, Gold, Weiß, 2,6 mm Ø
- Stiftperlen in Weiß, Blau, 6 mm
- Stahldraht in Gold
- Quetschperlen in Gold, 2 mm Ø

Kette

- 4 Sicherheitsnadeln in Gold, 20 mm
- Rocailles in Weiß, Blau, Dunkelblau, Gelb, Grün, 2,6 mm Ø
- Stiftperlen in Weiß, 6 mm
- Katzenaugen-Perlen in Blau, 6 + 10 mm Ø
- Nylonfaden, 0,25 mm Ø

Armband

- 13 Sicherheitsnadeln in Gold, 20 mm
- Rocailles in Weiß, Grün, Dunkelblau, Blau, 2,6 mm Ø
- Stiftperlen in Weiß, Blau, 6 mm
- Nylonfaden, 0,25 mm Ø

Alle

- Schraubenschließe in Gold

Vorlagen L1 - L3

Collier

29 Nadeln nach Vorlage L1 fertigen und oben im Wechsel mit einer, unten im Wechsel mit zwei weißen Rocailles in die Mitte von zwei 50 cm langen Drähten schieben. Dabei auf dem unteren Draht die sechs herabhängenden Nadeln intergrieren (s. Vorlage L1).
Nach diesem Mittelstück alle vier Enden mit Stiftperlen und Rocailles bestücken und die optimale Länge des Colliers ermitteln. Die halsnahe Kette muss kürzer sein als die andere. Anschließend mit Quetschperlen einen Ringverschluss befestigen, Drahtüberstände abschneiden.

Kette

Einen 1 m langen Nylonfaden mittig an dem Verschluss anknoten. Perlen nach Vorlage L2 auf beide Fäden aufziehen. Für den Mittelteil vier Nadeln mit Perlen bestücken. Im Wechsel je eine weiße Rocaille und eine Nadel aufnehmen, dann die Perlen des runden Bogens und zuletzt wieder im Wechsel eine weiße Rocaille und das andere Ende der Nadeln auffädeln. Die Kette wie auf der anderen Seite beenden und den Verschluss anknoten.

Armband

Dreizehn Nadeln nach Vorlage L3 mit Perlen bestücken. Einen 60 cm langen Nylonfaden in der Mitte an dem Verschluss anknoten. Auf beide Enden fünf goldfarbene Rocailles aufziehen. Dann Perlen und Nadeln auf die einzelnen Fäden fädeln (s. Vorlage L3). Zuletzt fünf Rocailles auf beide Enden schieben. Den Verschluss anknoten.

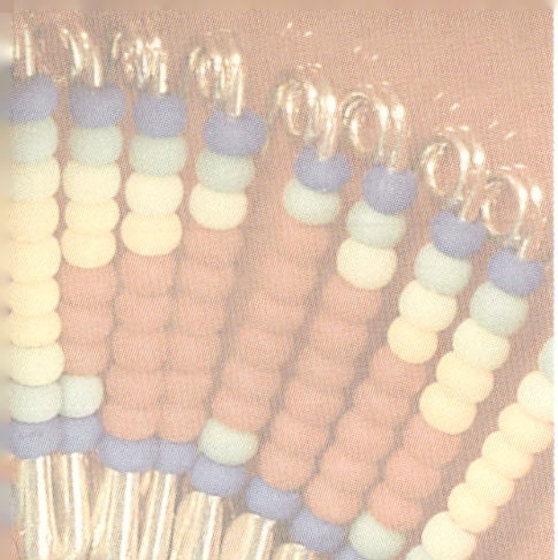

Von Herzen

Material

Kette

- 9 Sicherheitsnadeln in Gold, 28 mm
- Rocailles in Blau, Grün, Hellgrün, Gelb, Rot, 2,6 mm Ø
- 2 Herz-Perlen in Blau, 8 mm
- Stahldraht in Gold
- Quetschperlen in Gold, 2 mm Ø
- Schraubenschließe in Gold

Namens-Armband

- ca. 30 Sicherheitsnadeln in Gold, 28 mm
- Rocailles in Schwarz, Blau, Grün, Hellgrün, Gelb, Rot, 2,6 mm Ø
- Indianerperlen in Schwarz, 4,5 mm Ø
- elast. Perlonfaden

Vorlagen N1 - N3

Hinweis:

Auf dem Vorlagebogen finden Sie alle Buchstaben des Alphabetes.

Herz-Kette

Neun Nadeln nach Vorlage N1 mit Perlen bestücken und in die Mitte eines 50 cm langen Drahtes schieben. Auf beide Drahtenden Rocailles, eine Herz-Perle und eine Quetschperle fädeln (s. Vorlage N1). Die Quetschperlen so fixieren, dass die Nadeln genug Spielraum haben und locker herabhängen. Auf jedem Drahtende einen Perlenabschnitt mit Quetschperlen fixieren. Die Schraubenschließe ebenfalls mit Quetschperlen befestigen.

Namens-Armband

1 Die Perlen für die Buchstaben nach Vorlage N2 auf die Sicherheitsnadeln schieben. Dabei jeweils zwischen den Buchstaben eine Nadel mit schwarzen Rocailles einplanen. Die Nadeln mit je einer blauen Rocaille als Abstandhalter auf zwei elastische Perlonfäden fädeln.

2 Rechts und links jeweils eine Nadel mit verschiedenfarbigen Perlen sowie fünf schwarze Indianerperlen hinzufügen. Diesen Arbeitsschritt fortführen, bis das Band die erforderliche Länge hat. Dann die Fadenenden gut verknoten.

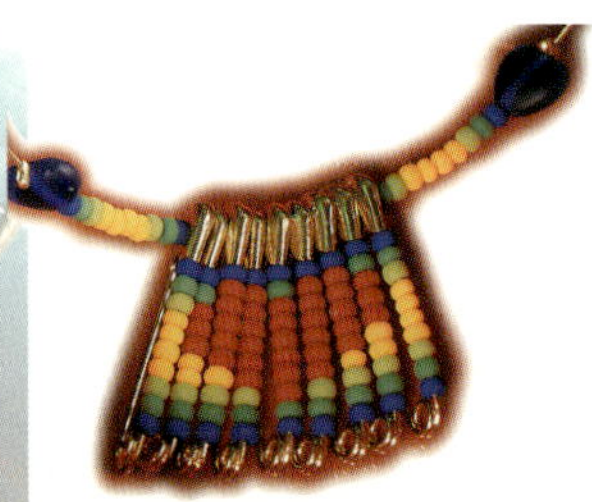

Impressum

Christophorus Verlag GmbH
Freiburg im Breisgau

ISBN 3-419-56246-2

Lektorat:
Irmgard Böhler, Freiburg

Styling und Fotos:
Andreas Gerhardt, Freiburg

Covergestaltung und Layoutentwurf:
Network!, München

Gesamtproduktion:
smp, Freiburg
Layout: Gisa Bonfig

Druck:
Freiburger Graphische Betriebe

Wir sind für Sie da, wenn Sie Fragen haben.
Und wir interessieren uns für Ihre eigenen Ideen und Anregungen.
Schreiben Sie uns, wir hören gern von Ihnen!
Ihr Christophorus-Team

Christophorus-Verlag GmbH
Hermann-Herder-Str. 4
79104 Freiburg
Tel.: 0761/ 27 17-0
Fax: 0761/ 27 17-3 52
e-mail:
info@christophorus-verlag.de

Weitere Titel von Ingrid Moras

3-419-56136-9

3-419-56200-4

3-419-56137-7

3-419-56204-7

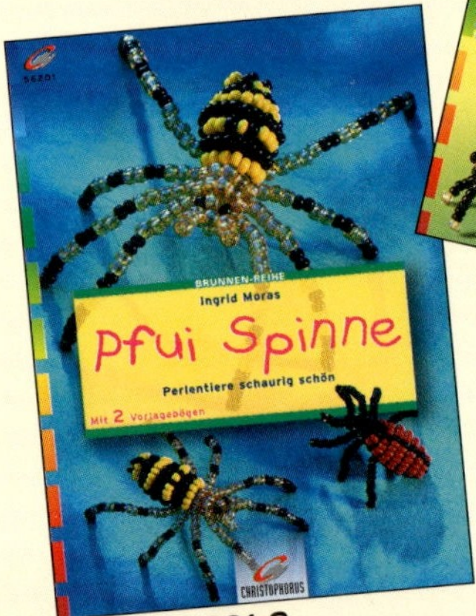

3-419-56201-2